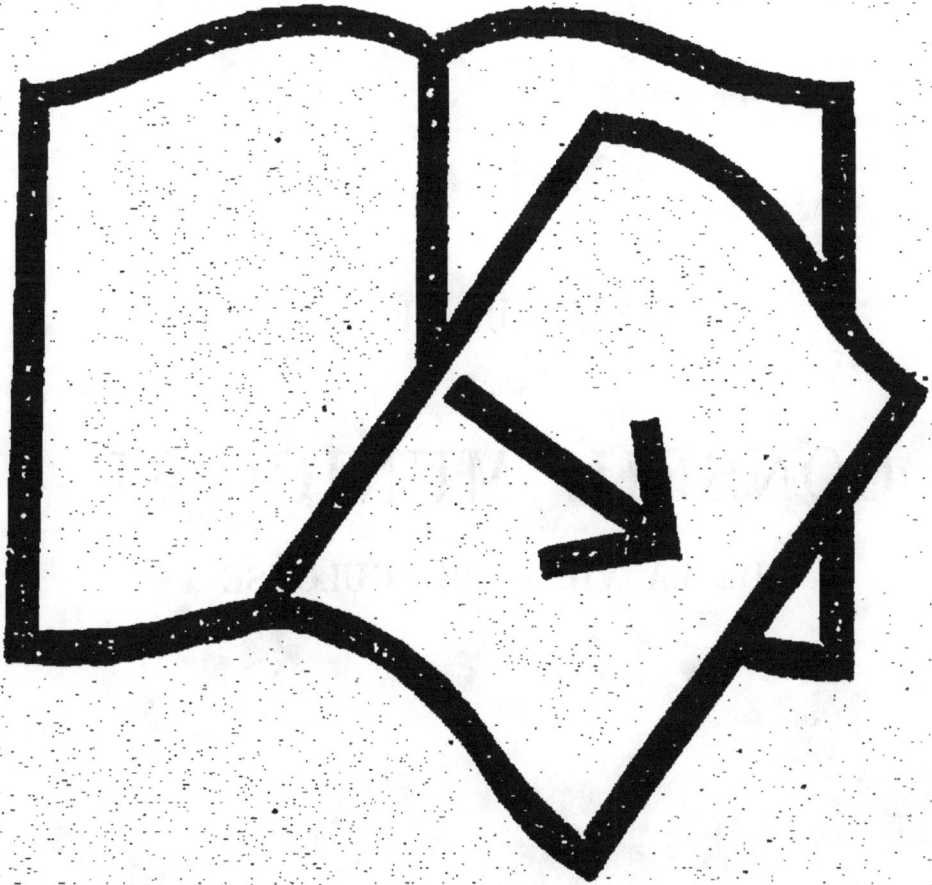

Couvertures supérieure et inférieure
manquantes

LES DEUX RÉCITS

SUR LE

CONSEIL MUNICIPAL

DE LA VILLE DE TOULOUSE

TOULOUSE — IMP. CAILLOL ET BAYLAC, RUE DE LA POMME, 34

LES DEUX RÉCITS

SUR LE

CONSEIL MUNICIPAL

DE LA

VILLE DE TOULOUSE

TOULOUSE

CHEZ LES PRINCIPAUX LIBRAIRES

—

1867

A L'EMPEREUR

SIRE,

J'ai l'honneur de déposer aux pieds du trône de Votre Majesté les deux récits sur les actes du Conseil municipal de la ville de Toulouse, élu par le suffrage universel au mois de juillet 1865, dissous par un décret au mois d'août 1866. Tout le monde en appelle à Votre Majesté et demande qu'en sa haute sagesse elle avise.

De Votre Majesté,

Sire,

Le très obéissant sujet,

★★★

A L'OPINION PUBLIQUE

REINE,

Je présente à votre auguste et souverain tribunal les deux récits sur le Conseil municipal de la ville de Toulouse. Que Votre Souveraineté s'éclaire et prononce.

De Votre Souveraineté,

Reine,

Le très respectueux serviteur,

★★★

Celui qui publie ces récits ne signe pas, parce qu'il n'y met rien de lui : il n'est que compilateur, et ce rôle est trop peu de chose pour qu'il vaille la peine qu'on le revendique. Son nom paraît, d'ailleurs, fait pour la circonstance; il signifie, en la vieille langue celtique, *exact notaire*, c'est-à-dire *preneur de notes*.

RÉCIT PARISIEN [1]

———

Je demande à dire, sur les affaires de Toulouse, la vérité telle que je la connais, d'après les récits qui m'en ont été faits, et d'après des rapports que l'on m'a communiqués.

L'élection du Conseil municipal à Toulouse, au mois de juillet 1865, a eu un caractère politique, non municipal.

Cependant le Gouvernement ne s'opposa pas à ce que ce Conseil entrât en fonctions.

———

[1] Ce Récit est tiré presque textuellement du discours prononcé par M. de Bosredon, au Corps législatif, dans la séance du 13 avril 1866. Voir le *Moniteur* du 14 avril et le *Journal de Toulouse* du 17.

RÉCIT TOULOUSAIN [1]

Je demande à dire, sur les affaires de Toulouse, la vérité telle que je la connais, d'après ce que j'ai vu et d'après ce que j'ai lu dans les documents authentiques.

L'élection du Conseil municipal à Toulouse, au mois de juillet 1865, a eu principalement un caractère municipal et accessoirement un caractère politique. Le triomphe presque absolu de la liste de l'opposition (32 membres sur 36) a été le résultat du mécontentement général de l'administration antérieure de M. de Campaigno. Le mécontentement particulier de la politique du Gouvernement, soit de la part de ceux qui lui reprochent de ne pas être assez fidèle, en fait, aux *grands principes proclamés en 1789*, que l'article premier de la Constitution déclare *reconnaître, confirmer, garantir, et qui sont la base du droit public des Français*, soit de la part des autres qui ne cessent pas de regretter ce qui n'est plus, n'a servi que d'appoint en s'y mêlant.

Le Préfet fut vivement contrarié de cette élection, qu'il s'était efforcé d'empêcher par tous les moyens en son pouvoir, jusqu'à faire adresser aux ouvriers des proclamations où on leur disait qu'en votant pour les candidats de l'autorité, ils auraient l'aisance, l'abondance, 20 millions de travaux immé-

---

(1) Ce Récit est tiré presque tout entier des Procès-verbaux des séances du Conseil municipal, publiés dans les deux journaux de Toulouse et réunis, avec d'autres pièces, dans un volume intitulé : *Annales de la ville de Toulouse. Histoire de l'élection municipale de 1865. Documents officiels et autres, rédigés et mis en ordre* par Alphonse Brémond. Toulouse, 1867.

Le Gouvernement nomma maire M. Amilhau: un homme
qui jouit dans la ville d'une popularité méritée par les ser-
vices qu'il a rendus, par les fonctions qu'ont remplies les
personnes de sa famille et de son nom, par les qualités de son
esprit, et enfin par sa réputation d'homme d'affaires, honnête
et habile.

Dès le début de ses travaux, le nouveau Conseil municipal
parut uniquement occupé de critiquer l'administration de ses
prédécesseurs.

Une sous-commission fut nommée pour examiner la situation financière.
Cette sous-commission désigna elle-même le Rapporteur.

Et ce Rapporteur fit connaître au Conseil municipal qu'il y
avait un déficit de 200,000 fr. dans le budget de la ville.
200,000 fr, ce n'était pas assez! cela n'était pas vraisemblable!

diats, le printemps au milieu de l'hiver ; mais qu'en votant pour l'opposition, ils auraient la suspension des travaux, le chômage, l'hiver sans travail, partant sans pain, la gêne, la misère et tout ce qui en est la suite.

Pendant plusieurs semaines après l'élection, il ne fut bruit que du projet du Préfet de faire renvoyer le Conseil élu, même sans l'avoir laissé entrer en fonctions. De fait, on ne l'installa que plus d'un mois après.

Quatre candidats seulement de l'administration avaient été élus : MM. Amilhau, notaire, Filhol, professeur de chimie, de Planet, industriel, Caze, président de chambre à la Cour impériale. Celui-ci donna immédiatement sa démission. Le Gouvernement prit les trois autres pour en faire un maire et deux adjoints, auxquels il agrégea M. Doumeng, suppléant du juge de paix. La majorité des électeurs et celle des élus pouvaient être froissées de cette conduite : elles auraient même pu s'en irriter. On y comptait peut-être : mais il n'en fut rien. Le Conseil promit à l'administration son concours, sous la seule condition qu'elle ne considérerait que les vrais intérêts de la Ville et qu'elle respecterait l'opinion publique. Il entra en fonctions avec cette pensée bien arrêtée.

Dès le début de ses travaux, le nouveau Conseil municipal s'occupa de la publicité à donner à tous ses actes, et de l'état dans lequel il recevait les affaires de la cité, principalement sous le rapport des finances et sous celui des travaux publics. Des commissions furent nommées à cette fin.

La Commission chargée d'examiner la situation financière fut composée de neuf membres.

Aux termes des règlements, le membre de cette Commission nommé le premier par le Maire en était le Président de droit, et il pouvait en être le Rapporteur, si la Commission le trouvait bon. Ce Président était M. Fort : la Commission désigna elle-même M. Gatien-Arnoult pour Rapporteur.

Le Rapport de M. Gatien-Arnoult fut lu dans la séance du 14 septembre. Il présenta successivement l'état de l'exercice courant, celui de la dette résultant des emprunts, et celui des

Il devait y avoir un déficit plus considérable! On nomma un deuxième Rapporteur : et cette fois le déficit s'éleva à 798,000 fr.

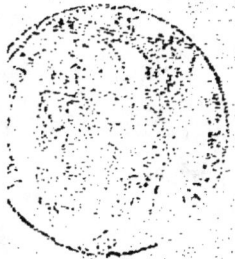

impôts particuliers de la Ville. Il prouva chiffres en main, 1° que les dépenses votées pour l'année courante dépassaient les recettes prévues de près de 800,000 fr.; 2° que les dettes contractées par la Ville engageaient son avenir jusqu'en 1903; 3° que les impôts avaient atteint leur maximum légal et dépassé leur maximum légitime. Il signala les causes de cette situation financière; et posa, en terminant, ces conclusions qu'il est bon de rappeler: elles sont le Programme du Conseil.

« En conséquence, votre Commission, qui n'a point de délibération » à vous proposer à la suite de ce premier Rapport, vous prie de pren- » dre au moins vis-à-vis de vous-mêmes les résolutions suivantes :

» 1° N'entreprendre aucun travail considérable sans en avoir bien » mûri le plan et prévu toutes les conséquences; — préférer toujours » l'utile vrai à l'agréable futile, en se gardant de présenter dans l'or- » donnance de la cité cet assemblage, qui blesse tant chez les parti- » culiers, du luxe pour ce qui est apparent et de la misère pour ce » qui est réel; — ne laisser aucun travail, même le plus petit, sans » une direction et une surveillance constantes, en étant bien persuadés » que, dans l'administration d'une grande ville, rien n'est petit en » fait de négligence et d'imprudence :

» 2° Arrêter le flux toujours montant des dépenses pour les frais de » pure gestion administrative et le faire reculer progressivement, » c'est-à-dire entrer et marcher dans la voie des économies bien » calculées, qui attestent à la fois la sagesse de l'administrateur et sa » probité. Car il ne faut pas oublier que tout ce qui sort de la caisse » municipale, pour être accordé à la faveur, est en définive un vol fait » à la bourse des contribuables :

» 3° Calculer avec toute l'exactitude possible le budget de chaque » année, et n'admettre le budget supplémentaire et les chapitres » additionnels aux budgets qu'avec la plus grande réserve, comme » des exceptions et pour les cas vraiment imprévus ou plutôt *imprévi-* » *sibles*. Car la sagesse administrative prévoit l'imprévu lui-même en » de certaines limites :

» 4° Enfin repousser absolument toute pensée d'augmenter, de » quelque manière que ce soit, les impôts de la ville, et au contraire » se préoccuper constamment de l'idée de les diminuer : car ils sont » vraiment excessifs; et ils doivent être placés parmi les principales » causes de la cherté toujours croissante de tant de choses, en notre

Je ne veux pas discuter ici la situation financière de la ville de Toulouse. J'ai au contraire l'intention d'établir que c'est uniquement pour des raisons politiques que le Conseil municipal a encouru sa dissolution. Mais la situation financière de Toulouse a été si souvent discutée dans les journaux; elle a été présentée sous un jour si faux, que je demande la permission de rétablir les faits en très peu de mots.

1° Le chiffre de 796,000 fr. qui, d'après le Rapporteur du Conseil municipal, représentait l'excédant des dépenses, représente à peu de chose près l'excédant des recettes constaté dans les comptes de 1865. Ainsi il s'est trompé du tout au tout. Il s'est au moins trompé de moitié, puisque l'excédant des recettes sur les dépenses ordinaires est de 335,000 fr.

2° Le Rapporteur du Conseil municipal ne s'est pas aperçu qu'il avait supprimé de ses calculs des recettes dont la perception était à ce moment même demandée au Conseil d'État.

» ville de Toulouse, que l'on citait naguère pour sa *vie à bon marché*,
» et qui se plaint si amèrement de ne plus mériter cette vieille répu-
» tation.

» C'est en prenant ces résolutions et surtout en les exécutant, malgré
» les difficultés qui tiennent à la nature des choses et les obstacles qui
» viennent de la mauvaise volonté des hommes, que nous répondrons
» aux plus légitimes espérances de nos concitoyens et que nous nous
» montrerons dignes de la confiance dont ils nous ont honorés. »

L'impression de ce Rapport fut votée par le Conseil, après avoir entendu les observations de M. Fort, et malgré l'opposition de M. le Maire et de ses adjoints.

Quand ce Rapport fut connu du public, il y produisit une grande sensation. Le chef de l'ancienne administration essaya de le faire réfuter dans une lettre qu'il signa. Mais cette lettre attira une réplique du Rapporteur, qui justifia toutes ses précédentes affirmations et les confirma en y ajoutant encore. Il dévoila les principales ruses de l'art de grouper les chiffres dont on faisait usage pour dissimuler le véritable état des choses et tromper le public, peut-être après s'être trompé soi-même. La discussion de ces chiffres compliqués, comme toute série de chiffres, est trop difficile pour établir la vérité en très peu de mots. Ceux qui disent pouvoir le faire se vantent trop ou ils comptent grandement sur la disposition de leurs auditeurs à se contenter de bien peu.

Je ne ferai que ces simples remarques :

1° Le Rapporteur a établi que l'excédant des recettes sur les dépenses porté au compte administratif ne prouve rien pour la véritable situation des finances. Ce compte dit seulement dans quelle proportion on a payé relativement à ce qu'on a reçu : mais il ne dit rien sur ce qu'on doit, ni sur ce qu'on avait d'abord projeté de dépenser et qu'on a négligé pour autre chose. La preuve que M. de Campaigno croyait trouver en faveur de son administration dans ce compte n'existe pas.

2° Le Rapporteur, qui n'avait pas compris d'abord certaines recettes dans ses calculs parce qu'elles n'avaient pas été portées au budget dressé par M. de Campaigno, les a rétablies ensuite, quand il a eu occasion de les reconnaitre.

3° Le Rapporteur du Conseil municipal n'a pas tenu compte d'une avance faite sur les ressources ordinaires et dont le remboursement devait être opéré plus tard sur l'emprunt autorisé par le Corps législatif.

4° L'auteur d'une brochure, qui s'est inspiré du Rapport au Conseil municipal et qui faisait lui-même partie de ce Conseil, a dit que, pour exécuter un projet de rues auquel la population tout entière est hostile, on a du faire un emprunt de 6 millions; — que cet emprunt a été en partie réalisé; — que pour en payer les intérêts on a été contraint d'élever les octrois et les taxes jusqu'à la dernière limite possible; — que les finances de la Ville sont engagées pour 40 ans; — et qu'on ne peut, jusqu'à ce terme, s'imposer davantage ni faire face à une dépense imprévue. Ces assertions sont complètement inexactes.

D'ailleurs, quand même ces assertions seraient aussi exactes qu'elles le sont peu, elles n'attaqueraient qu'en partie M. de Campaigno, puisque les mesures auxquelles elles se rapportent sont en partie antérieures à l'administration de cet honorable Maire; telles que les emprunts, les impositions extraordinaires et les taxes supplémentaires d'octroi.

Et ce qui prouve, en outre, que ces mesures d'impositions extraordinaires et de taxes supplémentaires n'étaient pas si

3° Le Rapporteur a montré qu'on avait consacré à des dépenses ordinaires les ressources qui avaient été créées pour les dépenses extraordinaires, et que l'emprunt autorisé par le Corps législatif était déjà absorbé bien au-delà de ce qui en avait été réalisé.

4° Un autre Conseiller, qui a appuyé le Rapport et qui s'en est servi dans une brochure, M. Paul de Rémusat, a dit, en insistant, que la population tout entière de Toulouse est hostile aux rues projetées et à certains autres travaux du même genre ; — que l'emprunt autorisé pour l'exécution de ces projets est éminemment impopulaire ; — que, pour payer les intérêts de cet emprunt et le rembourser, les octrois et les taxes ont été élevées jusqu'à la dernière limite possible ; — que les finances de la Ville sont engagées pour 40 ans (d'abord jusqu'en 1869, avec une diminution facultative légère, à partir de cette année, si..., ensuite avec une diminution facultative plus considérable, à partir de 1877, si..., jusqu'en 1903). Ces diverses assertions sont complètement exactes.

Il est encore très exact qu'une partie de l'emprunt a déjà été réalisée ; car 2 millions sur 6 ont été pris au Crédit foncier ; et de plus 1 million environ a été dépensé par anticipation.

Il ne sert à rien de répondre que ces mesures ne sont pas du fait de l'administration de M. de Campaigno. Car, d'abord, si M. de Campaigno s'en défend, c'est donc qu'il les reconnaît mauvaises, contraint à cet aveu tardif par l'évidence des choses et la réprobation publique. Ensuite, cette défense est en partie inexacte et en partie fausse. Elle est *inexacte :* car, si les impositions extraordinaires et les taxes supplémentaires ont été votées par les administrations précédentes, c'est M. de Campaigno qui en a demandé la prolongation. Elle est *fausse :* car c'est lui qui a demandé l'emprunt de 6 millions et qui a voulu le faire servir aux rues, dont le projet est bien à lui et à ses amis.

Quant à dire que, si ces impositions et taxes extraordinaires et supplémentaires étaient mauvaises, le dernier Conseil

mauvaises, c'est que ce même Conseil municipal, au sein du-
quel on s'en est plaint, n'en a rien retranché.

Je n'en dirai pas davantage sur cette question de finances.
Et je viens au point essentiel, qui est d'établir que c'est uniquement pour des raisons politiques que le Conseil municipal
de Toulouse a encouru sa disssolution.

Je ne puis pas suivre la longue série des délibérations de
ce Conseil municipal. Mais il n'en est peut-être pas une qui ne
porte le caractère de son hostilité sur le terrain politique, au
lieu de se tenir sur le terrain administratif.

Par exemple, sur la question des céréales, le Conseil municipal a pris une délibération absolument étrangère à
ses attributions.

Dans la révision des listes électorales, il s'est substitué
au Maire et a mis son action à la place de celle de l'administration.

Ce Conseil a montré deux fois son hostilité au Gouvernement, dans l'affaire du banquet à la suite de l'Exposition ;
d'abord en ne voulant pas ce banquet, parceque le Maire devait y porter un toast à l'Empereur ; ensuite en le voulant,
parceque ce toast devait être aggressif contre le Gouvernement
et injurieux pour les députés, au nombre desquels est l'honorable M. de Campaigno.

municipal élu aurait dû les retrancher, cela n'est pas sérieux. On sait bien qu'elles étaient nécessaires pour faire face à la situation, et qu'ayant été votées par une loi, elles ne pouvaient être annulées que par un autre vote de même nature.

Je laisse cette question de finances, et je vais sur l'autre point où l'on porte la discussion.

Le Conseil municipal a fait publier *in extenso*, jour par jour, les procès-verbaux de ses séances ; on les a réunies depuis en un volume. Qu'on en parcoure la longue série et je défie qu'on en cite une seule qui ait trait à la politique. Il ne s'agit pour s'en convaincre que de savoir lire et de le vouloir.

On parle d'une délibération sur la question des céréales. Le Conseil municipal n'en a pas pris ; il n'a même pas émis un vœu dans un intérêt local, comme il en avait le droit d'après la loi.

On parle de la part qu'il s'est attribuée dans la révision des listes électorales ; il n'a pris absolument que celle qui lui était dévolue par la loi : et ses délégués ont été constamment d'accord avec le Maire. Se plaindrait-on autant si, au lieu de faire inscrire environ *huit mille* électeurs nouveaux, on eût continué de les exclure, et si même on en eût fait rayer d'autres ?

On parle encore de son double vote sur un banquet qu'il s'agissait de donner aux autorités, aux conseillers eux-mêmes, à des fonctionnaires, à des commissaires et à des médaillés à la suite de l'Exposition. Il est certain que le Conseil ne témoigna d'abord que de la répugnance pour ce banquet, parcequ'il pensait qu'il valait mieux employer l'argent qu'il couterait à décerner plus de récompenses et surtout à acheter une plus grande quantité des objets exposés. Ensuite il y donna son consentement parceque ses ennemis firent courir le bruit qu'il voulait empêcher le toast à l'Empereur ; il désira montrer qu'il n'en était rien. Bien plus ! afin d'ôter tout prétexte à ce bruit, il fut convenu que des conseillers de toutes les couleurs assisteraient à ce fameux banquet ; ce qui fut fait.

Ce discours public, dans lequel un Maire, ceint de son écharpe, agissant dans ses fonctions de Maire, en face de son Conseil municipal, jetait l'injure à la face des députés élus par le suffrage universel, ne pouvait pas être toléré par le Gouvernement. Il ne le fut pas. Cet incident amena la démission de l'honorable M. Amilhau.

Je ne dis rien de ce qui arriva après. J'arrive à la fin.

Dans une dernière séance, un des membres du Conseil municipal, après s'être concerté avec ses collègues, fait ajourner à dessein toutes les délibérations qui devaient porter sur les affaires administratives.

Quant au toast de M. le Maire, aucun conseiller n'en avait eu connaissance avant. Mais il avait été communiqué, dit-on, à M. Filhol, premier adjoint, qui l'avait approuvé. On dit qu'il l'avait été aussi à M. le maréchal Niel : en tout cas, il fut écouté avec faveur par ce haut fonctionnaire qui en fit compliment à M. Amilhau. Il paraît que personne n'y aperçut alors tout ce que les députés de la Haute-Garonne. MM. de Campaigno, d'Ayguesvives, Piccioni, surent y découvrir.

Ces messieurs portèrent leurs plaintes à M. le ministre de l'intérieur, qui en écrivit au préfet, M. le baron Dulimbert, qui alla en parler au maire, M. Amilhau, malade ce jour-là, et qui le fit en des termes tels que celui-ci lui donna immédiatement sa démission.

Alors M. Filhol, premier adjoint, fut chargé par intérim des fonctions de Maire.

Je serai très bienveillant envers son administration, en n'en disant rien. Je passe immédiatement à la séance du 6 août 1866 ; à cette fameuse séance, qui fut la dernière du Conseil élu en juillet 1865.

La session de droit s'ouvrait ce jour-là. Le Conseil, après avoir nommé un secrétaire, reçut la communication de quelques affaires introduites par M. le Maire par intérim. Ensuite il délibéra sur la réalisation de la seconde partie de l'emprunt de 6 millions (soit 2 millions) et l'autorisa. Puis trois autres délibérations furent prises. Alors fut entendu le Rapport de la commission chargée d'examiner la proposition de M. le Préfet, relative à un vote rétrospectif du budget de la police pour l'année 1866, dont deux semestres avaient été déjà payés irrégulièrement et que l'on voulait régulariser. Le Rapporteur, M. Gatien-Arnoult, exposa qu'il n'avait pas encore reçu de M. le Maire par intérim les explications qui lui avaient été demandées et que la Commission proposait d'ajourner cette affaire jusqu'à plus ample information. Cette proposition fut adoptée après une très longue discussion. L'heure était avancée.

Dans les termes les plus violents, un membre du Conseil municipal attaque le Gouvernement au sujet de la démission de M. Amilhau et de la prolongation d'une administration provisoire.

Le Maire veut lui interdire la parole : le membre du Conseil Municipal et ses collègues résistent à l'autorité du Maire qui est obligé de lever la séance.

Le lendemain, les membres du Conseil municipal se réunissent à l'Hôtel-de-Ville, sans convocation, contrairement aux termes de la loi : ils se font ouvrir les portes et siégent dans la salle même des délibérations, tenant ainsi une réunion absolument illicite.

Un membre, M. Rumeau, usant du droit que donne la loi et se conformant à l'usage né du réglement, demande et obtient la parole pour faire une proposition. Il voulait proposer au Conseil d'émettre le vœu que le Gouvernement s'occupât de donner à la ville de Toulouse une administration municipale, définitive et complète. Mais à peine a-t-il prononcé quelques phrases très inoffensives, au milieu du plus profond silence du Conseil, que M. le premier adjoint, maire par intérim, déclare ne vouloir pas laisser continuer la lecture de cette proposition. Et comme le lecteur ne s'arrête pas immédiatement, il lui retire la parole, il le rappelle à l'ordre, le Conseil continuant de garder le plus profond silence; il prononce la parole sacramentelle, *la séance est levée;* et se lève lui-même tout troublé et tout agité. Dans son trouble, il se trompe; prend la lampe qui est devant lui pour son chapeau, et se retire suivi d'un autre adjoint. Tout le Conseil en fait autant.

Ce qui a été raconté de cette séance dans le journal de la Préfecture, comme un procès-verbal fidèle et authentique est apocryphe et infidèle.

Le lendemain, comme on était en session de droit et qu'aux termes de la loi, les séances n'ont pas besoin d'une convocation spéciale pour avoir lieu, et qu'on omet fréquemment à Toulouse de la faire, en ces jours, plusieurs membres se présentèrent aux portes du Conseil. Les trouvant fermées, ils se retirèrent.

Ce qu'on a raconté tout récemment de portes ouvertes par force et de réunion illicite et de séance illégale est une pure fable, et d'invention toute nouvelle, à ce qu'il paraît. Car jamais personne n'en avait entendu parler à Toulouse. Comment d'ailleurs, si cette fable avait le moindre fonds de vérité, n'en aurait-il pas été fait mention, avec amplification, dans le journal de la Préfecture, qui avait si bien décrit la séance beaucoup moins importante de la veille? Comment, si des Conseillers municipaux avaient tenu, au Capitole, une séance illégale, n'auraient-ils pas été dénoncés ou poursuivis, pour que force restât à la loi?... De tels récits ne sont pas seulement des faussetés, ce sont des niaiseries.

C'est à la suite de cette réunion illégale que M. le Préfet de la Haute-Garonne, usant de son droit, a prononcé la suspension du Conseil municipal :

Suspension que le Gouvernement a cru devoir ratifier par un décret de dissolution. Et il a très bien fait.

C'est donc uniquement parce que constamment, dans toutes ses délibérations, le Conseil municipal s'est servi de son mandat pour faire échec au Gouvernement et donner cours à ses passions politiques, qu'il a été dissous.

Voici un dilemme d'où nous défions qu'on sorte. Ou les Conseillers municipaux ont tenu une séance illégale, ou ils ne l'ont pas tenue. S'ils l'ont tenue, pourquoi ne les a-t-on pas poursuivis devant les tribunaux? S'ils ne l'ont pas tenue, pourquoi ne poursuit-on pas les diffamateurs? (1)

Le jour suivant, 8 août, nonobstant la séance réelle du 6, et la séance imaginaire du 7, le Conseil fut convoqué pour une séance qui devait se tenir ce même jour. Mais, au moment de s'y rendre, les membres furent avertis que M. le Préfet avait rendu contre eux un arrêté de suspension. Ni alors, ni jamais depuis, jusqu'à ces derniers jours, les motifs de cette suspension n'ont été connus officiellement.

Cette suspension est devenue une dissolution par un décret rendu vingt jours après, le 29 août. Les motifs de cette dissolution sont également restés un mystère officiel; mais ce qui est officiellement mystérieux cesse de l'être à un autre point de vue.

Il est évident que le Conseil municipal n'a pas été dissous pour sa conduite dans la séance du 7 août : car cette prétendue séance illégale n'a pas existé. Il ne l'a pas été non plus pour sa conduite dans la séance du 6 août : car cette conduite a été parfaitement convenable et irréprochable. La proposition faite par M. Rumeau était fondée en droit et formulée en termes tout-à-fait parlementaires. Quand même il en eût été autrement, le Conseil, en l'écoutant silencieusement, n'encourait aucun blâme. Et quand même il y aurait eu quelque agitation au sein de ce Conseil, même du désordre, est-ce que jamais on a dissous aucune assemblée délibérante pour une séance de ce genre?

Le Conseil n'a pas non plus été dissous pour sa conduite politique. Car jamais la politique n'est intervenue dans au-

---

(1) On dit que les Conseillers municipaux, qui se trouvent diffamés, veulent poursuivre devant qui de droit leurs diffamateurs, quels qu'ils soient.

Ce n'est pas parcequ'il a envisagé de telle ou telle manière
l'administration des affaires municipales, ni parcequ'il proposait de substituer des projets nouveaux aux projets anciens,
ni parcequ'il empêchait l'exécution de ceux-ci.

cune de ses délibérations. Les procès-verbaux de ses séances sont là : rien ne peut en infirmer le témoignage.

Il est vrai pourtant que cette dissolution a eu un motif politique, sous un certain point de vue, mais d'un autre côté que du Conseil. On s'est imaginé qu'il est dangereux pour la politique d'avoir, en une grande ville comme Toulouse, un Conseil municipal qui ne soit pas composé des candidats-*élus* du Préfet. De là est venue la répugnance, dès le premier jour, pour installer ces *libres élus* du suffrage universel ; puis la mauvaise volonté contre tous leurs actes et leurs projets : puis les sourdes attaques des affidés ; puis les attaques ouvertes du journal officiel ; puis les prétextes cherchés, et en dernier lieu inventés, parcequ'on ne les trouvait pas.

Un autre motif a été la résistance du Conseil, représentant des électeurs, à *hausmanniser* la ville de Toulouse : ce dit *hausmannisme* semblant à quelques-uns une chose excellente à plusieurs titres. Ce motif touche au vrai.

Le vrai motif de la dissolution du Conseil municipal, c'est qu'il [envisageait l'administration des affaires municipales d'une autre manière que ses prédécesseurs ; c'est qu'il proposait de substituer des projets nouveaux à des projets anciens : c'est surtout qu'il ne voulait pas donner suite au projet des deux fameuses rues dites transversale et longitudinale ; c'est qu'il ne voulait pas qu'il y eût un virement de l'emprunt de 6 millions en faveur de ces rues ; c'est qu'il ne voulait pas que, pour l'exécution de ces rues, on donnât suite au traité projeté avec M. Caune.

En veut-on des preuves? En voici, entre une foule d'autres.

Le Conseil municipal n'existant plus a dû être remplacé par une Commission. Aux termes de la loi, cette Commission devait être nommée immédiatement après l'arrêté de suspension. Elle ne l'a pourtant été que beaucoup plus tard. Mais on ne peut en blâmer M. le Préfet ; il y a eu cas de force majeure. Personne ne voulait faire partie de cette Commission. Enfin, elle a été constituée en nombre légal.

Et si le Gouvernement a voulu nommer une Commission municipale, ce n'est pas pour favoriser l'exécution d'un traité conclu avec un entrepreneur, M. Caune.

Il est vrai pourtant que le traité Caune doit être soumis au Conseil d'État et au Corps législatif lui même, à l'occasion d'une demande de virement sur les fonds de l'emprunt. Mais la question est complètement réservée.

Le Gouvernement, le Conseil d'État et le Corps législatif lui-même l'examineront. Ils examineront quels sont les vœux de la population, quel est l'intérêt de la ville de Toulouse. Qu'on ait confiance en eux.

Or, 1° la grande affaire de cette Commission a été le traité provisoirement fait avec M. Caune, par M. de Campaigno ; traité ajourné par l'avant-dernier Conseil municipal et repoussé par le dernier. Après bien des discussions, la Commission a autorisé M. Filhol, premier adjoint, toujours Maire par intérim, à rendre ce traité définitif. Cela a amené la démission de quelques membres peu satisfaits du rôle qu'on leur faisait jouer.

2° La grande affaire a été l'enquête pour l'expropriation des terrains qui doivent être livrés à M. Caune, pour l'exécution du traité passé avec lui. Cette enquête a été ordonnée et faite, Dieu sait comme, et nous aussi.

3° La grande affaire a été d'obtenir un virement de l'emprunt de 6 millions pour servir à l'exécution des rues, dites transversale et longitudinale, qui doivent être ouvertes conformément au traité Caune. C'est pour cela que M. le Préfet et M. le Maire par intérim sont en instance à Paris, auprès du Ministre et du Conseil d'État, pour arriver au Corps législatif. Si cela n'est pas clair pour tout le monde, c'est qu'il y a dans le monde des personnes qui ne veulent pas voir. Je n'ai plus rien à dire.

On assure maintenant que le Gouvernement, le Conseil d'État et le Corps législatif examineront cette affaire avec le plus grand soin et qu'ils ne la décideront pas sans avoir reconnu sûrement quels sont les vœux de la population, quel est l'intérêt de la ville de Toulouse. Nous le désirons ; mais comment ne pas craindre, quand on voit de quelle manière le Gouvernement et le Conseil d'État représentés par un Commissaire, personnage éminent, choisi *ad hoc*, ont été induits en erreur sur les faits les plus faciles à vérifier, et de quelle manière le Corps législatif s'est contenté des explications les plus fautives? Nous voulons pourtant espérer.

Nous voulons espérer qu'on examinera surtout quels sont les vœux de la population de Toulouse ; — vœux que l'on devra se bien garder de confondre avec les dires consignés en une enquête, contre laquelle ont été faites d'énergiques protesta-

UN PARISIEN.

CERTIFIÉ

tions; — et nous désirons qu'en présence de ces vœux, tant de fois manifestés et bien reconnus, on s'incline, même si l'on croyait qu'ils sont contraires aux vrais intérêts de ceux qui les font. Car, sous l'empire de la loi du suffrage universel, c'est bien le moins qu'une ville comme Toulouse ait le droit de se tromper, en ce qui la regarde, et qu'on la laisse administrer ses propres affaires comme elle l'entend, à ses risques et périls, par ses représentants librement élus et ne relevant que d'elle. C'est la loi des libertés municipales.

Nous espérons qu'on pensera que, si ces libertés doivent être saintes partout en notre France, elles doivent être trois fois saintes en la ville du Capitole; — en notre cité de Toulouse, pleine des deux esprits, ancien et nouveau, qui se souvient toujours d'avoir été un grand municipe romain, et qui veut avoir encore grandi en devenant une municipalité française.

La vraie politique du Gouvernement est de ménager et de respecter ces nobles et généreuses susceptibilités, plutôt que de les froisser et de les irriter. Elle n'est pas d'abuser de la loi pour empêcher l'usage du droit.

La légalité qui tue le droit ne fait pas vivre ceux qui s'en servent.

Nous désirons que l'opinion publique s'éclaire et prononce, et que sa voix parvenant à l'Empereur l'aide à aviser d'une manière digne de sa haute sagesse.

UN TOULOUSAIN.

CONFORME :

✦✦✦

Exact Notaire (1).

---

(1) Voir l'explication, p. 5.

TOULOUSE, IMPRIMERIE CAILLOL ET BAYLAC, RUE DE LA POMME, 34.

www.ingramcontent.com/pod-product-compliance
Lightning Source LLC
Chambersburg PA
CBHW060819280326
41934CB00010B/2745